Über dieses Buch »Die Inseln im Landmeer«, der jüngste Gedichtband Guntram Vespers, stand zwei Monate an der Spitze der vom Südwestfunk initiierten und von achtundzwanzig Kritikern aufgestellten Bestenliste.
»Inseln im Landmeer: das sind die aus Vespers Prosa und Lyrik vertrauten Orte: Frohburg, die Kindheitsgegend; Göttingen und das hessische Steinheim, wo Vesper heute lebt. Winkel und Welt, die in großen Synopsen zusammengeschlossen werden, das Spiel mit dem umgekehrten Fernrohr, die Kontraste von Nähe und Ferne sind mehr als ein Stilmittel, sind die Kennzeichnung einer inneren Geographie und geistigen Position«, schrieb Sybille Cramer. Und der Autor sagt über seine Gedichte: »Das, was ich in Form stark stilisierter, verkürzter und verdichteter Geschichten erzähle, ist keine Widerspiegelung meiner Erlebnisse, sondern meiner Empfindungen, von Mitleid, Trauer und Empörung etwa, ist eine Kette, ein Arrangement innerer Bilder, Literatur eben, Kunst vielleicht«.
Das vorliegende Buch enthält neben den Texten der Originalausgabe achtzehn bisher unveröffentlichte Gedichte, Vespers neueste Arbeiten, die in Schreyahn entstanden sind und die sich auf die abgelegene Gegend zwischen Elbe, Grenze und Gorleben beziehen. Federzeichnungen des Autors, seine »Bemerkungen zum Schreiben von Gedichten« und das umfangreiche biographische Nachwort des Literaturkritikers Franz Josef Görtz bilden eine wichtige Ergänzung des Bandes.

Der Autor Guntram Vesper, 1941 in der sächsischen Kleinstadt Frohburg als Sohn eines Landarztes geboren, kam 1957 über West-Berlin in die Bundesrepublik, war Hilfsarbeiter, Heimschüler und Student und lebt heute als Schriftsteller und Privatgelehrter in Göttingen und in Steinheim am Vogelsberg. Ab Sommer 1983 hat er sich ein Jahr in dem aus neun Höfen bestehenden Rundlingsdorf Schreyahn im Landkreis Lüchow-Dannenberg aufgehalten.
Veröffentlichungen: Zahlreiche Hörspiele und Radioessays. Umfangreiche Forschungsarbeiten zur Sozial- und Kriminalgeschichte des 19. Jahrhunderts.
Nach drei Gedichtbänden Mitte der sechziger Jahre, darunter »Fahrplan« in der alten Eremiten-Presse des VauO Stomps, veröffentlichte Guntram Vesper die Prosasammlung »Kriegerdenkmal ganz hinten« (1970; erweiterte Neuausgabe mit Zeichnungen des Autors 1982), den Roman »Nördlich der Liebe und südlich des Hasses« (1979; Fischer Taschenbuch 2112), den Gedichtband »Die Illusion des Unglücks« (1980; Fischer Taschenbuch 5128, mit »Nordwestpassage«), den bibliophilen Privatdruck »Nordwestpassage. Ein Poem« (1981), das Lyrikbuch »Die Inseln im Landmeer« (2. A. 1983) sowie »Landeinwärts. Texte« (1984).
Guntram Vesper erhielt 1983 den Märkischen Kulturpreis, 1984 den Förderpreis Literatur des Berliner Kunstpreises.

Guntram Vesper

Die Inseln im Landmeer
und neue Gedichte

Mit Zeichnungen des Autors

Fischer
Taschenbuch
Verlag

Für H.
Sie kannte das Buch, bevor ich es schrieb.

Erweiterte Ausgabe
Veröffentlicht im Fischer Taschenbuch Verlag GmbH,
Frankfurt am Main, Oktober 1984
»Die Inseln im Landmeer« Teile I bis III
erschienen zuerst 1982 im Verlag der Pfaffenweiler Presse

Die Gedichte »Schreyahn« sowie die »Bemerkungen zum Schreiben von Gedichten«
und Franz Josef Görtz' Nachwort sind Erstveröffentlichungen

Umschlaggestaltung: Jan Buchholz/Reni Hinsch
unter Verwendung einer Zeichnung des Autors
Gesamtherstellung: Clausen & Bosse, Leck
Printed in Germany
880-ISBN-3-596-25821-9

In der Hoffnung, daß jeder, der uns liest,
hört, was er im Herzen trägt.

INHALT

I DIE INSELN IM LANDMEER

II AUS EINER GESCHICHTE DER GEFÜHLE

III DAS FREMDE KIND

IV SCHREYAHN

I DIE INSELN IM LANDMEER

LICHT IN DAS LEBEN

Der Ort irgendwo im Land, abseits und
allem ausgesetzt.
Eine Straße, ein Haus.
Halbleeres Zimmer im ersten Stock
mit vierzig Jahre alten Tapeten
die hohen nackten Fenster
gehen auf den Hof, dort
erzählen zwei Kinder bei Sonne und Regen
blutige Geschichten
die Nachmittage hindurch
in immer
dunkleren Farben.

Licht in das Leben

Der Ort irgendwo im Land, abseits und
allem ausgesetzt.
Eine Straße, ein Haus.
Halbleeres Zimmer im ersten Stock
mit vierzig Jahre alten Tapeten
die hohen nackten Fenster
gehen auf den Hof, dort
erzählten zwei Kinder bei Sonne und Regen
blutige Geschichten
die Nachmittage hindurch
in immer
dunkleren Farben.

In immer dunkleren Farben

STEINHEIM

Rund um die Lampe fliegen Sommerinsekten
verbrennen sich die Flügel und
bedecken das Tischtuch mit Asche, Gewitternacht.

Als Kind hat sie
nie Angst gehabt, nicht vor
dem Feuerschein nächtlicher Brände und nicht
vor den Kommandos beim Schlachten
die Streitereien der großen Familie
mit Flucht ihrer Mutter ins Bett ließen sie kalt.
Aber wenn ich auf dem Weg in die Schule
um die Ecke der Untergasse biegen mußte
kam es mir vor, als würde
ein riesiger Krater warten
in dem das Dorf
die ganze Gegend versank, Furcht
die zugleich
eine gierige Hoffnung war.

Einzelne schwere Tropfen
die Wolkenwand zog weiter
das Donnern wurde leiser, dann
schien der Mond durch die Scheiben
sein Licht versetzte
dem Zimmer einen Stoß, die Möbel
bewegten sich, die Wand zitterte.

Oder hatte
im Tagebau drüben
die Nachtschicht begonnen.

Klingt wie die Fragen, von denen
Geistesgestörte glauben, sie hätten
ihr Leben
um und um gewälzt.

DIE TOTENINSEL

1
Hände und Füße schliefen mir ein, inzwischen
ging in meinem Zimmer ohne Lampe
die Nacht zu Ende, wie ich ihn haßte.

2
Erstaunlich nur die Liebe
die seine Begleiterin für ihn äußerte
vielleicht
in Erfüllung lange zurückliegender Befehle
der oder keiner, grub
jede Stunde deutlicher in
ihre Falten neben dem Mund
sie kennt ja seine Möbel und
alle Kleidungsstücke, die er
seit der Konfirmation getragen hat.

3
Todesfall, wie man jetzt
viele erlebt.

4
Auf einer Art Wallfahrt zu den Illusionen von gestern
waren sie auch
nach Göttingen gekommen:
eine Sandsteinsäule für Bürger
unter alten uralten Bäumen.
Verwelken immer früher im Jahr.

5

Was heißt Kunst, wenn du hier leben willst.
Ja hier, wehre ich
mit halberstickter Stimme ab
wo ein Schriftsteller, nachdem
ein anderer ihn besucht hat
zu seiner Frau sagt:
schreib auf
daß er rote Haare hatte
damit man, wenn er mit grauen wiederkommt
weiß, es waren schöne rote.
Dabei
zerfressen die Würmer
den allerbesten Freunden
schon die Gesichter, als Nachwort
als Nachwort.

TAGEBUCH ANFANG FEBRUAR

Große Kälte seit Sonntag. So zersprang
heute nacht im Schlafzimmer
während ich las
die Zentralheizung unter dem geöffneten Fenster.

Ihr Aufschrei.

Was
wird aus einem Land, wenn
sein Gedächtnis krank ist
und was bedeutet ein Mensch, der
keine
Erinnerung hat.

EIN NEUER ANFALL VON TRAURIGKEIT

Das übervolle
Frohburger Museum hier.

Und deine Überzeugung, die Geschichte habe
mit dem Tag meiner Geburt begonnen.

Als ich Courbets Schlachtbild in Paris sah
Barrikadenkämpfer als kleine
nervöse Offiziere, na also

die Schwindeleien des Todes.

Das übervolle Frohburger Museum

Ein neuer Anfall von Traurigkeit

Das übervolle
Frohburger Museum hier.

Und deine Überzeugung, die Geschichte
habe mit dem Tag meiner Geburt begonnen.

Als ich Courbets Schlachtbild in Paris sah
Barrikadenkämpfer als kleine
nervöse Offiziere, na also
die Schwindeleien des Todes.

IM HARZ

Die Landstraße, der Regen
nachts.

Ich saß hinten und sprach
mit dem Kind
als H.
neben dem Fahrer
sich zur Seite drehte, die Hände
vor dem Gesicht: nein.
Leere Sekunden, der Stoß, zerspringende Scheibe.

Und wartete
auf mehr.

Nach vierzig Metern konnten wir
ins Freie klettern, wo alles
am richtigen
Platz war, Himmel
Wald und blasse Gesichter.

Hinter dem Auto, in einer Pfütze
lag die Frau auf dem Rücken.

Das Kind sah uns
von unten,

Himmel, Wald und blasse Gesichter

AUS DEM LEBEN DER STUDENTEN

Erinnerung an die Berührung der Lippen
mit der alten müden Haut von Vater und Mutter
und mit der festeren
Haut meiner Schwester.

Jeden Morgen ging die Sonne
hinter einer
Kaserne auf

und wenn ich im Winter gegen Abend
aus der Anatomie kam
erschrak ich
über den Heißhunger, der mich
nach dem stundenlangen Umgang mit Menschenfleisch
in seiner grellroten Farbe
befiel.

In der dritten Imbißstube kehrte ich ein.

Beim Weitergehen roch ich
an meinen Händen
die Bratwurst und das
Leichenfett und ahnte, auf welche Weise man
zur gleichen Zeit
die menschliche Wärme lieben und von
Blutbädern
träumen kann.

DAS ENTWAFFNETE AUGE

Der Selbstbetrug mit dem Glück
und die Heimkehr in die eigene
vernünftige Kälte.

Letzten Sommer hatte sie, aus Nicaragua zurück
vor Studenten einen Vortrag gehalten
im selben Maß, in dem die gerechtere Ordnung
die Probleme des Alltags löse, müßten
Liebe und Tod ihre volle
Bedeutung wiedererlangen, eine neue
Menschlichkeit
würde entstehen.

Im Gespräch mit mir.
Drückte sie sich ganz anders aus.

Die Entdeckung, daß dort wie hier
jeder
allein starb und das auch
wußte, war
ein schwerer Schlag für sie gewesen.

Wie bei uns ist
alles auf den Kopf gestellt, man spricht
von der Liebe zum Volk mit Haß
und vom Haß gegen die Feinde
mit Liebe.

Ich habe keine Worte für die Stimme meiner
Empfindungen
sagte sie noch

und in einer fremden Sprache
reden sie nicht.

Seltsame Idee, Diebe
in ihre Wohnung zu lenken.

DER AUSFLUG

1
Mit zwei Malern und zwei Fotografen fahre ich
ohne sie näher zu kennen
die Weser entlang
in einer Kurve über dem Tal, über
den schönen Schleifen des Flusses
steigen wir aus und
treten an die Kante: da unten.

2
Her mit den Staffeleien, den Stativen
und schnell an die Arbeit, keine Einzelheit
soll uns entgehen.

3
Wird die Riesenkuppel aus weißem Beton
deren Leuchten uns
beinahe blendet
zu groß oder zu
klein geraten.

4
Hier fällt mir eine Erinnerung ein
1971 etwa
fotografierte ich den Markt in Frohburg
bei Regen.
Mein armer Vater sah das Bild
das ich, um es los zu sein
der Schwester geschickt hatte
und sagte: ja
das ist er, wie

ich ihn kenne
dann versank er wieder in
Teilnahmslosigkeit und zerstreute Gedanken.

5
Vogelruf im Winterwald, der Fluß
riecht nach
Unglück.

U. 18.XII.82

1971 etwa fotografierte ich den Markt in Frohburg bei Regen

BEIM BLICK
DURCH EIN ZERBROCHENES FENSTER

Frankfurt 1967, Begegnung
in einem kleinen Hotelzimmer
Frau hinter dem Vorhang und
unsichtbar während des ganzen Gesprächs
nur ihr zurückgehaltener Atem
ihre gehemmten Bewegungen
das leise Wehen des Vorhangs.

Meine Art Liebe nimmt
jedesmal
diese Form an

Wollust und Trauer.

Neben allen Worten über die endlos schweigende Stadt
sein Satz: unsere
Beschreibung der Welt ist
bei den Aufrufen Marats
steckengeblieben.

Das Leben geht weiter.

BESUCH IN EINER ABGELEGENEN DRUCKEREI

Wenn man durch das Fenster guckt
liegt unser Landmeer draußen
dunkle Schollen, Fadenhorizont
Wölbung des weißgrauen Himmels

die Blicke der Setzer hinaus, während ihre Hände
von Sigismund Rüstig erzählen
und während sie
über die Frage sprechen, ob
das Verhalten eines Volkes auf das
seiner Hunde sich auswirkt.

Der Wechsel des Wetters, sagt
einer der Männer zum Abschied
ist eine Reise, die mir niemand nehmen kann.

Als ich zum Bahnbus ging, zogen
dunkelblaue Wolken auf, Windstärke zehn
der Sturm
jagte das Stroh über die Äcker, es sah wie
Dünung aus.

Die Schmiede auf dem Wind.

Besuch in einer abgelegenen Druckerei

Wenn man durch das Fenster guckt
liegt unser Landmeer draußen
dunkle Schollen, Fadenhorizont
Wölbung des weißgrauen Himmels

die Blicke der Setzer hinaus, während ihre Hände
von Sigismund Rüstig erzählen
und während sie
über die Frage sprechen, ob
das Verhalten eines Volkes auf das
seiner Hunde sich auswirkt.

Der Wechsel des Wetters, sagt
einer der Männer zum Abschied
ist eine Reise, die mir niemand nehmen kann.

Als ich zum Bahnbus ging, zogen
dunkelblaue Wolken auf, Windstärke zehn
der Sturm
jagte das Stroh über die Äcker, es sah wie
Dünung aus.

DIE VERNUNFT VON ÄLTEREN VERWANDTEN

Ich fuhr nach Wilhelmshaven, schlief
bei offenem Fenster bis um zehn
und erwachte mit Zahnschmerzen
Regenhimmel
gegenüber dem Bett ein Bild, Blümlisalp
widersprach
allem, was ich gelesen hatte

die trostlos geglückte Erfindung
Leben läßt sich
durch Worte und Papiere nicht
in Brand stecken.

Kein Tagebuch mehr.

Das Anwesen vom Hölzchen aus. Blick nach Südwesten.

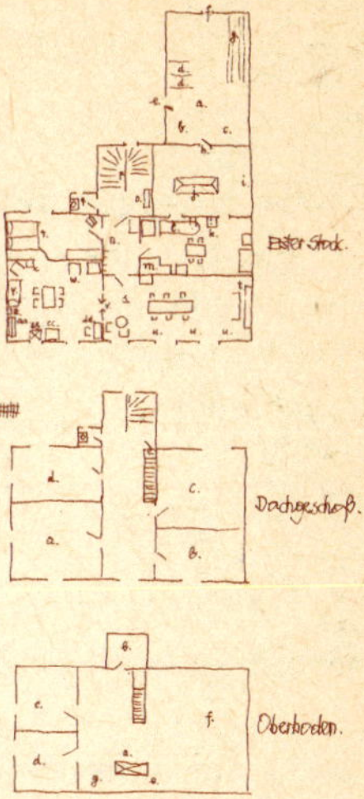

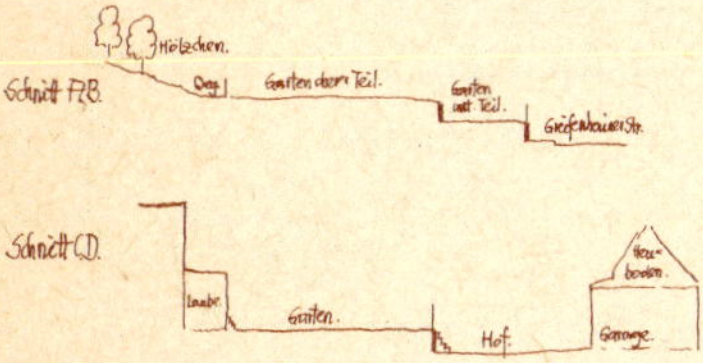

Wo die älteren Verwandten wohnten

AM VORABEND NEUER GEWALTTATEN

Meine Hand mit der Schriftstellerschwiele
am Mittelfinger
hätte die Hand
einer Hauptfigur
sein können.

Hast du gesagt.
Sagst du. Und nun soll ich mich
darauf beschränken, in irgendeine
Grube zu fallen.

Dazwischen das eine
oder andere Verbrechen, über das man
zwanzig Minuten gesprochen hat

wenn unser Romanbegriff von der Gerechtigkeit
und dem Unrecht auch hier alle
großen Straßen
alle Plätze bevölkert, das Gewehr
unter dem Arm
glaub mir, wir
erwachen wie die Tiere
in einem Großfeuer, ich kann
die Schreie hören, sobald ich
den Mund an deine Wange halte.

Dieses Leben und jenes Leben
unterscheiden sich
voneinander
nur durch die Reklame, die sie
für ihre Versprechungen machen.

NIEMANDS LAND KREUZBERG

Die Märchenerzähler an den Ecken
unserem Haß
auf alles Lebendige bisher
entgangen, sprachen nur
von den Regeln
des Pferdehandels da unten im Süden
zum Beispiel werden
ganze Herden
per Handschlag verkauft
und von dem Gesetz hinter
den Gewaltmaßnahmen
mächtiger Männer
Sackgassen des Unglücks, aus denen
ein einziger Fluchtweg führt
das Blutbad.

Die Reise endete
am vierten Tag
mit Heimweh nach grauem Himmel.

DIE NEUE WELT

Niemand gibt den Bildern, während er sie sieht
einen anderen Sinn als den
den er im Herzen hat.

Schon beim Aufschlag der Räder
unter dem grauen Himmel nordamerikanischer
Riesenstädte
erschrecken wir
einander
mit Augen, die das letzte
Testament des Jahrhunderts entziffern:

solchen
Blutbädern
geht keine
Literatur mehr voraus.

CROISSET

Die letzten Besucher haben am Kranken
empört die Schwermut vermißt
und das Begräbnis war eine plötzliche Vernichtung

sechs Schuhe mußten
ganz Frankreich ersetzen.

Zuerst sein Telegramm
er ist tot, oh

dann das große Schild an der Straße: ich war
der Koch Flauberts

den Rest behält er für sich.
Denn wir wissen
nichts und müssen deshalb
vieles verschweigen.

Hinter Haus und Kanal und Pappeln
du hörst es
heulen die Eisenbahnen
zurück nach Paris.

ERINNERUNG AN G. H.

Vorletzter Winter, Krieg immer näher
bei durchdringendem Mondschein
heulen die Hunde im Dorf:
sie bellen
mein Haus an

aber Dresden geht unter, erst
sterben die andern.
Vom Bett aus

schickt er den Offizieren der Roten Armee die
Briefe von Gorki
in die eiskalte Halle.

Extrazug mit zerbrochenen Fenstern
über die Oder
nach Westen

ins zunehmend verwüstete Land, wie immer
rauchen die Leute zuviel, während sie
die verwesende Leiche bewachen.

NACHTFAHRT TRANSIT WESTBERLIN

In der ungeheuren
Wüste der
Finsternis
verschwinden die letzten Industrien
die begeisterten Massen
Hausgemeinschaften und die Ideen von
gestern gleich
morgen, auch hier
bestimmt niemand die Stunde, in der er sich
quält.

Der alten
zerfallenen Welt
mit den trübe erleuchteten Fenstern weitab im Land
starrst du, halb dem Zuhause und
halb der Fremde, ins
eigentliche Gesicht
Hölle, die man liebt.

Dein Traum von den Zähnen
sie fallen dir aus und klappern im Mund
auch mir
sitzt die Zeit im Nacken und
zerreibt die Zukunft
den Baum, die Mauer, den Fußgänger am Straßenrand
im Rückspiegel schon zu den
Rätseln der Geschichte, vielleicht
ist jede Empfindung eine Ausdehnung und ein
vorübergehender Sieg.

Die Inseln im Landmeer

LANDMEER

Wir dürfen unser
Leben
nicht beschreiben, wie wir es
gelebt haben
sondern müssen es
so leben
wie wir es erzählen werden:
Mitleid
Trauer und Empörung.

II AUS EINER GESCHICHTE DER GEFÜHLE

DER SCHREI DER EULE

1
Alles wegen ihrer Idee
die Größe meiner Gefühle an den
Schlägen zu messen, die sie mir
versetzte.

2
Windstöße um den halben Erdball
schon mittags zittert
das Landmeer.
Bald fliegen die Nester
in Fetzen
aus der heulenden Ulme:
was noch.

3
Vor Tag stand ich auf, als müßte ich
selber verreisen.
Licht in
ihrem Fenster
ein Taxi.
Jetzt, dachte ich und versteckte
den Kopf unter der Decke vor
dem nächsten Jahr und dem neuen Lächeln
und der Eule am Waldrand.

4
Müde vom Weinen, schlief ich dann ein.
Oder weinen
Männer
nicht so.

EIN STICH INS HERZ

Es ist nicht nötig, Tatsachen zu wiederholen
die zur zeitgenössischen Geschichte gehören
andererseits
muß man wissen, daß ich
im Spätherbst dreiundsechzig nach
Göttingen gegangen bin
und die verwüstete Ebene gesehen habe
in deren Mittelpunkt
Bürgers Grab liegt, was ich erst
zehn Jahre später erfuhr.

Ich erinnere mich an eine unwohnliche Stube
ohne andere Aussicht als den Nußbaum, die Wolken
ein Klofenster und
die ganz verödete Straße
es war ein Zimmer wie
alle Zimmer in der Provinz
kahler kalter Raum mit feuchten Tapeten
in einem Land, das nie
eine fortschrittliche
Verschwörung, eine
große nützliche Intrige hervorbringen würde
dem der allgemeine Untergang drohte
und droht.

Schon bei der Ankunft in der Garbenstraße kam mir
mein Hauswirt eher
neugierig als
zärtlich entgegen und lachte mir in die Zähne:
der Herr Medizinstudent.

Gegen Morgen, mitten
in unser Gespräch über Darmbäder und Urinkuren
die Nachricht von Kennedys Tod
da sieht man jetzt wieder, sagte der neue Freund
daß jedes Leben vor allem
einen historischen
Verlauf hat.

Im Garten rauschte der Regen.

Dann küßte er mich auf den Mund
und zerbiß mir die Lippen, so
war das nämlich.

Blick auf die Stadt in der Ferne

DURCHEINANDER ZWEIER GESCHICHTEN

Die Begegnung mit ihr: vorläufig
letzter Versuch
der zu werden, der man hätte
sein können.

Blick auf die Stadt in der Ferne, was dort
gebrannt hat
ist längst Asche geworden
ich habe bloß die Unterkunft, du hast
nur das Gefängnis gesehen, nun
stehen wir auf einer Wiese am Fluß
wegen der kühlen Witterung
hat sie Trainingshosen unter den Rock gezogen.

Soldaten, Liebende und
Kommunisten sind die einzigen
Menschen, die ich verstehen kann.

Gefühl für das schwere Land unter
uns und dafür, daß hier
ein paar Stunden später
im Mondlicht
neben den Katzen
die Kröten schreien.

In einer Mulde setzen wir uns.
Und jetzt.
Sie lehnt sich zurück, hebt
den Hintern an und zieht mit schnellem Griff
die Hosen nach unten, dann
rückt sie den Rock wieder zurecht.

Meine Gedanken damals: macht sie es
so, im Liegen.
Was habe ich davon.
Oder wie
geht es weiter.

STARK WIE DER TOD

Kurz vor ihrem Verschwinden fuhren wir
immer wieder
durch das dunkle schwer schlafende Land
und sprachen von den Menschen, die
so unheimlich
tot waren, daß man sie nicht
zum Leben
erweckt sehen wollte:
sein Glück auf dem Unglück
der anderen
aufbauen
und die Geschichte zur großen Säuberung machen.

Einmal geriet ein Hase unter
die Räder, sie
zerstampfte ihn mit dem Absatz.

Ihr langsames Lächeln, als hätte sie gerade
die Ursache aller Traurigkeit
ausgerottet.

Mit einer Art Neid sah ich
jedesmal
in ihr entstelltes Gesicht.

Bildete mir ein, daß ich restlos verstand.

SIEBEN SCHLÄFER

Zwischen dem Kohlenfeuer
im Ofen
und der tickenden Uhr das staubige Zimmer.
Fettiges Haar
Ausschlag am Hals.

Um alles
zu sehen, ließ ich mir
vom Fleischer aus der Nachbarschaft
zeigen, wie man Kälber
Schafe
Schweine abstach.

Draußen der furchtbar stoßende Wind
der als böses Tier durch das Dorf tobt
drinnen
Gewaltgriffe und Blut, in den
vier Ecken der Scheune der
schwere Geruch.

Später die Lampe, mein Tisch
und der Schuppen
am Ende des Gartens, dort
stand das alte Pferd mit den Füßen
im Wasser, stöhnte
unter der Dunkelheit, unter
der Gesellschaft von Hunden
die niemals bellten
von Katzen, die niemals
Junge bekamen.

Erschreckender Gedanke:
es ist wahr.
Und ich weiß nicht, wie
sie stirbt.

III DAS FREMDE KIND

EIN VERGESSENES HEFT. WINTER 1949

Zuerst fiel mir
die Unordnung im Schulraum auf
dann spürte ich die
Hitze, dann
sah ich den Mann und die Frau
klein
in den Bänken sitzen
und lesen
im Nachmittagslicht die alten Eltern des Lehrers.

DIE GEWOHNHEIT ZU ZITTERN

Aus der engen Höhle der Eltern
zog scharfer Geruch durch die Wohnung
Besserungsanstalt
für mich
von Anfang an.

Das Dienstmädchen folgte mir
bei jeder Flucht
was machst du.

Ich dachte an längere Sommer
an einen Mond, der größer als unserer war
und sagte
die Sterne.

In deinem Alter Astronomie, rief
die Mutter
in den finsteren Hof
du hast nichts
gesehen.

Aus der engen Höhle der Eltern

SKLAVENKARAWANE

Der lahme Fahrradhändler
kam aus der Kellerwerkstatt, überquerte
den staubigen Markt und stellte sich
im Schatten unter.

Wir sprachen über das grüne durchsichtige Wasser
in den großen Flüssen Afrikas, aber

als Krüppel
muß man zu Kindern
ehrlich sein, also beschrieb er
das Fahrzeug, in dem er vor acht Jahren
beinahe verbrannt war
der eiserne Kasten wurde Tiger genannt.

DAS FREMDE KIND

Jetzt erlebe ich die langen Abende der Kinderzeit
in den überfüllten Häusern von Frohburg wieder
wenn die Kälte gegen die
knackenden Scheiben drückte.

Man saß zu Hause
oder bei der Familie eines Freundes
um die Petroleumlampe in der Küche
still, sagte jemand, und
alle lauschten
lang anhaltende Rufe waren zu hören.

Es ertrinkt wieder einer im Fluß.

Dann wurde von Leuten erzählt, die
auf schreckliche Art
gestorben waren
durch scheuende Pferde, giftige Ofengase.

Manchmal fragte ich weiter.
Wieso, wurde gesagt
ist denn
noch mehr geschehen.

Es ertrinkt wieder einer im Fluß

Das fremde Kind

Jetzt erlebe ich die langen Abende der Kinderzeit
in den überfüllten Häusern von Frohburg wieder
wenn die Kälte gegen die
krachenden Scheiben drückte.

Man saß zu Hause
oder bei der Familie eines Freundes
um die Petroleumlampe in der Küche
still, sagte jemand, und
alle lauschten
lang anhaltende Rufe waren zu hören.

Es ertrinkt wieder einer im Fluß.

Dann wurde von Leuten erzählt, die
auf schreckliche Art
gestorben waren
durch scheuende Pferde, giftige Ofengase.

Manchmal fragte ich weiter.
Wieso, wurde gesagt
ist denn
noch mehr geschehen.

WAS GESTERN WAR

Sieben Jahre nach Kriegsende sollte ich
auf einer Wanderung
bei Bekannten im Erzgebirge einen
Brief meiner Eltern abgeben, die Leute
hatten eine Ziegelei besessen.

Der Betrieb stillgelegt, Gebäude verfallen
man kochte
als Lieblingsgericht
die Köpfe und Läufe von Hunden.

Die Tochter spuckte
ihr Stück Fleisch auf die Dielen: ich kann keine
Leiche zerkauen
und als der Mann den Löffel zum Mund hob
tropfte die Brühe durch ein Loch, er warf
den Teller
nach seiner Frau.

Wir merkten nicht, was wir aßen.

Später
über die Kämpfe, die das Land
in Stücke hackten: der erste
Impuls eines Menschen, der
ein Gewehr
in der Hand hat, wird
jedesmal sein, es zu gebrauchen.

Mit undurchsichtigem Lächeln.

Erinnerte mich an einen Arzt, wie er
in den Büchern von Jules Verne vorkam: er irrt sich
immer, aber
man darf ihm nicht böse sein.

Das Mädchen, als ob es
spielte.

Der Harzberg. Am Tag der Wanderung nach Roda. Abends stürzte der fremde Artist vom Seil. Vor dreißig Jahren.

DER HERR DER WELT

Ich kannte nur ein Verbrechen, und das
hing mit den Zigeunern zusammen
die den Winter in Frohburg
verbrachten und manchmal
auf dem Markt
ihr Zelt und ein
Hochseil aufbauten
einer von ihnen
stürzte ab und blieb liegen.

Wir gingen zurück
zu den Eltern und stellten uns
Mädchen von fünfzehn Jahren aus der
großen Verwandtschaft vor
sie kamen von der Arbeit, während
man selber gegen Abend
auf dem Brückengeländer saß
fror und
die roten Fahnen, die zerfallenden
Dächer ansah
unter denen man
aufwuchs und
die man haßte
und liebte.

An einem Montag im März wurden wir
in die Aula geführt
der Herr der Welt ist
tot, alles
weinte
und ich
ich fühlte mich schuldig.

DIE LÄNGSTE NACHT UND DER KÜRZESTE TAG

Schlafleben. Bettgeruch. Zugefrorener Ausguß.
Auf dem Tisch liegen
mit schwarzer Tinte beschriebene Zettel
und der Rauch vom Vormittag steht noch im Zimmer.

Die nächsten Häuser
rücken ab
in die Einsamkeit
tagelang Schnee, die Welt
zu ersticken.

Aber auch wir
sterben
bald
auf die gewöhnliche Art.

Sprich nicht davon, ich halte mir
heimlich die Ohren zu.

Wäre uns nicht eine Entdeckung
aus Kindertagen eingefallen: wie man
mit Feuerstein
Funken schlägt.

Vergessen heißt
sich immer
erinnern.

IV SCHREYAHN

NEUJAHR IN SCHREYAHN

Aus dem Fenster sehen
auf Dorfplatz, Schaukel
Gewalt vergangener Tage.

Unten
fünf Männer
Knüppel, Hunde, vermummte
Gesichter

vielleicht nur zur
Treibjagd
zur Treibjagd über dünnes Eis.

Schreyahn Nr. 9

NACH DER REISE

Die Nachtkühle ließ
das trockene Holz der Zäune knacken
wir saßen im Garten, lange
ganz still.

Was werden aber die Gegner
die Überflüssigen machen, wenn jetzt
unser Traum wahr wird, fragte sie.

Einige werden sich in Menschen verwandeln
gab er zur Antwort, der Rest geht
unter.

Bei Ihnen ist alles einfach, sagte sie
nach einer Pause

wieso
einfach, dachte ich.

GEGENSTÄNDE DER POESIE

Ich erkannte die leeren
Fotos der Kinderzeit wieder
Landschaft aus Bäumen
Wiesen und Wasser.

In weiter Ferne sah ich jedes Haus
jeden aufsteigenden Vogel, jedes Tier auf der Weide
die Wachtürme jenseits des Flusses
und hinter Verhauen die neue Festung.

Seit ich
vierzig bin, vertrage ich
keinen Vordergrund mehr, die vielen
Arbeitslosen hier
Herzklopfen, und dann
verliert man die Sprache.

IM SCHATTEN FREMDER EINFÄLLE

Eigentlich
bin ich gar nicht dort gewesen

denn vor der neuen Festung
gleich neben der Straße
dachte ich an das Konzert
im Autoradio

und ärgerte mich, daß ich
ausgestiegen war, um
Uniformen und Schäferhunde zu sehen.

SOMMERMORGEN

Ich schreibe im Schlafzimmer
am runden Gartentisch
Halbdunkel, vor Wochen ist
die Jalousie zerrissen, niemand
hat einen neuen Gurt besorgt.
Zerbrochene und abgenutzte Sachen
im ganzen Haus
der schmierende Füller, die Lampe
auf meinem Nachttisch zum Beispiel.

Und draußen verwüsten vier alte Männer
den Brennesselgarten mit einer Mähmaschine.

Der Junge hat einen Eimer geholt
er rettet die Kröten und Frösche
seine Schreie wie
Feuer und Eis.

Vom Garten aus.

FENSTER ZUR NACHT

Neben dem Bett das Radio, grün
leuchten die Namen aller
Städte der Welt.

Sie öffnet das Fenster
und lehnt sich hinaus
die schwüle Nacht weht kühl ins Zimmer.

Ein Aufblitzen hinter dem Wald.
Erhellt den Himmel
Hügel, Schule
Krankenhaus.
Das zweite Flackern
stärker, dann
lautlose Stöße der Luft, wie aus
großer Entfernung
im Garten das Splittern von Ästen
und wieder
Stille.

Der Gegenschein einer Riesenflamme
schwankt über die Wand, reißt
die Namen der Städte ins Licht
und läßt sie
verschwinden.

SCHNACKENBURG

Nach der Feier nimmt sie die Lampe
und trägt sie in den verlassenen Saal.
Wo ein Klavier steht.

Bald darauf liegt man im Bett
der Mann ist
vor einem halben Jahr gestorben
hoffentlich nicht
hier.

Über der Elbe tobt der Wind
an was
erinnert sie sich.

ALTER GENOSSE

Er zeigte mir das Haus, früher
eine Werkstatt von Falschmünzern
und in dem Haus
mein Zimmer, Viereck mit
getünchten Wänden
und Holzfußboden, in der Ecke
ein rot gestrichenes Bett
hier hatte man
das Geld gemacht.

Vor dem Einschlafen fand ich
das Buch auf dem Nachttisch, zwischen den Seiten
alte Gasthausrechnungen und ein Brief
aus dem Jahr sechsundfünfzig: man hat uns
verboten, endlich
denn jede Gewalt erlebt
mit der Geburt schon
den eigenen Tod.

Notiz auf dem Umschlag:
das Auge
kann sich nicht
sehen, was kam
ist viel
weniger
und was es gekostet hat, viel mehr gewesen.

OKTOBERNACHT NOVEMBERTAG

Nachts kam vom Dorfplatz
dreimal der helle Schrei, ich stellte mir
die Verzweiflung vor und
konnte nicht schlafen.

Am Morgen erzählte ich dem Briefträger davon.
Ach, hieß es,das
ist die Mutter des Gastwirts
sie ruft um fünf die streunenden Hunde ins Haus.

DUNKLES LÜCHOW

Ich hörte
die Häuser in der Frostluft
mit den Ziegeln knirschen

und stellte mir die Menschen vor, wie sie
hinter den Mauern in ihren
schweren Ehebetten lagen
und stöhnten

unten konnte
viel Blut
im Pflaster versickern.

Dunkles Lüchow

Ich hörte
die Häuser in der Frostluft
mit den Ziegeln knirschen

und stellte mir die Menschen vor, wie sie
hinter den Mauern in ihren
schweren Ehebetten lagen
und stöhnten

unten konnte
viel Blut
im Pflaster versickern.

ABSCHIED

Drinnen und draußen Verfall, ich wurde
an einer ausgeschlachteten Küche vorbei
in den Geruch nach Verwesung geführt
ihr Gesicht
war breiter geworden.

Unten bei der Schule werden die Linden gefällt
sagte sie zur Begrüßung, wenn nur die eine
stehenbleibt, die ich von hier aus
sehen kann.

Aber mit den Bäumen geht es mir
wie mit den Kindern, ich habe
keine Freude mehr an ihnen
sie sterben.

Drehte sich weg: das ist
meine Vergeltung
an allen, die nicht
krank sind.

DURCH DEN LANDKREIS

Nach einer Stunde das Taxi, altes Auto
auf schmalen Straßen
an Dörfern vorbei, die schliefen
wir verirrten uns.
Auf Achse, sagte die Nachbarin
vom Fenster aus
ich mußte den Brief
unter das Hoftor schieben und wußte plötzlich
daß es Dinge gibt, die man auch
mehrmals
überleben kann.

Auf der Rückfahrt die
Täuschungen des Ohrs, die mich
nach hinten horchen ließen
während der Kettenraucher von vorne zu mir sprach.

EINE FRAGE
AUS DEM NEUNZEHNTEN JAHRHUNDERT

Hinter dem Rathaus kam ich an Bussen
mit beschlagenen Scheiben vorbei
Schilde waren gegen die Reifen gelehnt.

Hundert Schritte weiter, auf dem Markt
Fahnen, Helme, dichte Menge
Stille, die drückender
als jede Drohung war.

Man wird sich immer irren, man wird
immer wieder das Wichtigste vergessen und
wissen wollen, wer der
Stärkere ist.

DER SCHRECK VOR DER NATUR

1
Kahle Eichen, Häuser im Novemberschmutz
die Kellner bekamen
nationale Gesichter und zeigten
den Weg nach Damnatz.

2
Als ich das Grab sah, mußte ich
an die blinde Katze in Frohburg denken
eines Tages war sie
verschwunden, niemand
wollte mir sagen, daß sie
beim Öffnen der Haustür
zerdrückt worden war, ich hatte
den Vater in Verdacht.

3
Die frierenden Hände in den Manteltaschen
meinte ich
in Wahrheit
mich selber: es ist aus, es wird
aus sein.

4
Ich ging zum Deich, das Licht
auf dem Fluß war gelb
Wind aus Norden
bewegte das Wasser seit
so vielen Jahren.

WINTERGESICHT

In Lüchow wird verbreitet, ich sei
Jude
Judesein ist kein Verbrechen
da ich aber
rein arischer Abstammung bin, zahle ich
jedem, der mir die Verleumder nennt
dreißig Reichsmark.

Was man uns gesagt hat, ist meistens
falsch gewesen
und die Geschichten, die ich zu hören bekam
klangen zu einfach.

DORFDEUTSCHLAND

1
Die Bauern haben sich
aus der endgültig erschöpften Ebene
zurückgezogen, als wäre es
für immer.

Während sie im Gasthof sitzen
und auf die Landhändler warten
kommen hinter den Masken der Arbeit
ihre Kindergesichter zum Vorschein.

Große Zeit der Nacherzählungen, daß es
für die Matrosen auf dem Meer
keinen Bombenkrieg gegen Städte gab
und die Menschen in den Lagern konnten sich
den Tod an der Front nicht vorstellen.

Inzwischen kreist die gefrorene Ackerwüste
unter dem gelben Mond.

2
Nacht ohne Schlaf, bis
das erste Blau die Schattenbilder
vertreibt, in denen ich
das Gewehr in der Hand, durch die
ausgeglühten überwucherten Trümmer
des Dorfes gehe
auf der Suche nach einer
letzten Hinterlist in Gestalt
der übriggebliebenen Katzen.

EINIGE BEMERKUNGEN ZUM SCHREIBEN VON GEDICHTEN

Das Fazit im voraus: ein geglücktes Gedicht, das bedeutet für mich größte Freiheit am Anfang und größte Geschlossenheit am Ende der Arbeit, intensivste und intimste Form des Sprechens, Nähe zu mir selber, Kunst.
Wenn ich lyrische Texte entwerfe, an ihnen arbeite, habe ich keine Regeln, kein Programm, ein Autor ist vorhanden, die Welt um ihn herum und in ihm, ich kenne die alten Gedichte. Bis auf Feder, Papier und Notizbuch liegt nichts auf der Platte des Tisches.
Kürzlich habe ich zwei Aufsätze aus dem Anfang der sechziger Jahre noch einmal gelesen, »Die Entstehung eines Gedichtes« von Hans Magnus Enzensberger und Walter Höllerers »Wie entsteht ein Gedicht«.
Es sind erstaunliche, sorgfältige Arbeiten, die Schritt für Schritt, Stufe für Stufe ein Gedicht aufbauen oder besser: nachbauen. So ließe sich verfahren; indem man die Entstehung eines lyrischen Textes belegt. Zum einen Wort wird das andere gestellt, Bilder tauchen auf, werden verworfen oder verwendet, hypothetische oder endgültige Sätze bilden sich, jede Operation erfährt eine Begründung.
Aber wie ließen sich in eine solche nachträgliche Genese meine dreißig, vierzig Fassungen eines Gedichts einsetzen? Auf welche Weise könnte ich den Zweifel, den Überdruß und quälenden Leerlauf an diesem oder jenem Punkt der Arbeit, die Aussichtslosigkeit und den Mangel an Bildern, das Fehlen von Wörtern belegen? Ich würde eine Retorte beschreiben, die es nicht gibt. Um sie wahrscheinlicher zu machen, müßte ich über jede Zeile des Gedichts fünf oder fünfzehn Sätze der Erklärung ziehen, Enzensberger hat das »Rückübersetzung« genannt. Dabei ordnet

man, wenn es sich um Gedichte handelt, Knochen und gibt sie als Ganzes aus.
Ein anderes Verfahren haben mir der Zufall und ein Brief gezeigt, den ich im Sommer dreiundachtzig von einer siebzehnjährigen Schülerin aus einem Dorf bei Neustadt an der Aisch bekam. Anscheinend wurde in der Unterprima mein Gedicht »Stark wie der Tod« besprochen.

Es geht, las ich, um Ihr Gedicht »Wie der Tod«, das in meiner Klasse analysiert wird. Da ich aber damit nicht ganz klarkomme, möchte ich mich mit einigen Fragen an Sie wenden. Wann wurde das Gedicht verfaßt? Aus welchem Grund wurde es verfaßt? Wer ist mit dem weiblichen Pronomen »sie« gemeint? Wer sind die »Menschen, die so unheimlich tot waren«? Warum war der Ich- Erzähler neidisch? Warum war ihr Gesicht entstellt? Was hätte der Ich-Erzähler verstanden haben sollen? Ich möchte Sie bitten, meine Fragen möglichst bald zu beantworten, und bedanke mich schon jetzt dafür.

Dem Brief beigelegt war eine Kopie des Gedichtes.

Stark wie der Tod

Kurz vor ihrem Verschwinden fuhren wir
immer wieder
durch das dunkle schwer schlafende Land
und sprachen von den Menschen, die
so unheimlich
tot waren, daß man sie nicht
zum Leben
erweckt sehen wollte:
sein Glück auf dem Unglück
der anderen
aufbauen
und die Geschichte zur großen Säuberung machen.

Einmal geriet ein Hase unter
die Räder, sie
zerstampfte ihn mit dem Absatz.

Ihr langsames Lächeln, als hätte sie gerade
die Ursache aller Traurigkeit
ausgerottet.

Mit einer Art Neid sah ich
jedesmal
in ihr entstelltes Gesicht.

Bildete mir ein, daß ich restlos verstand.

Ich schrieb noch am gleichen Vormittag einen Antwortbrief von drei Seiten, das hat keine zwei Stunden gedauert. Zeile auf Zeile ging ich das Gedicht durch, ich baute es nicht nach, ich gab Hinweise auf Knotenbereiche und Weichenstellungen, ich bekundete und behauptete nichts, ich setzte nur Fragezeichen, wies auf Möglichkeiten hin. Was am Ende vorlag, war kein Kontext, noch weniger Interpretation, es handelte sich um einen Gang durch das Gedicht aus einem Einfall heraus und ohne Vorbereitung, der Versuch war mit den Bedingungen des Alltags belastet.

Das Gedicht, schrieb ich, stammt aus meinem im letzten Winter erschienenen Lyrikband »Die Inseln im Landmeer«. Es ist, wie fast alle dort versammelten Texte, in den Jahren einundachtzig und zweiundachtzig entworfen und bearbeitet worden. Da ich jedes Gedicht vom ersten Entwurf bis zur endgültigen Fassung mindestens zwanzig Mal abschreibe, durch Wochen und Monate, kann ich nur diesen ungefähren Entstehungszeitraum angeben.
Der vollständige Titel des Gedichtes lautet übrigens »Stark wie der Tod«. So heißt der Roman von Maupassant über eine Liebe, die zerstörerisch wie der Tod ist. Ich habe ihn in den vergangenen fünfundzwanzig Jahren drei oder

vier Mal gelesen, immer anders, er gehört zu meinen Lieblingsbüchern.

Statt die mir und dem Gedicht gestellten Fragen einzeln und isoliert vom Ganzen zu beantworten, will ich versuchen, etwas wie eine Expedition durch den Text zu machen, Fragesätze, die oft schon halbe Antworten in sich tragen, zu finden, Hinweise auf Gedankenketten hinter der Niederschrift zu geben. Natürlich ließe sich viel mehr sagen. Aber das wäre uferloses Sprechen. Was ich gemeint habe, ist im Wortlaut des Gedichts geronnen.

Also: es handelt sich um ein Paar, um Mann und Frau. Er tritt als Ich auf, von ihr wird erzählt. Als erstes hören wir, daß sie, später, verschwunden ist. Das heißt, nicht mehr bei ihm oder um ihn. Ist sie weggegangen? Zu einem anderen? Tot? Untergetaucht? Das wird bewußt unklar gelassen, Gewicht liegt nur auf seiner Empfindung, allein zu sein.

Wovon das Gedicht spricht, hat sich kurz vor ihrem Verschwinden ereignet. Die Vermutung liegt nahe, daß ein Zusammenhang besteht. Oder ist, was geschieht, Anzeichen für eine Veränderung der Frau, die viel früher eingesetzt hat und am Ende zu ihrem Verschwinden führt? Darüber ließe sich, beim Weiterlesen, nachdenken.

Im Folgenden wird berichtet, daß das Paar, über dessen bürgerliche oder nichtbürgerliche Beziehung bezeichnenderweise kein Wort fällt, nächtelang durch das schlafende, schwer schlafende Land gefahren ist, ruhelos, ohne Ziel. Der außergewöhnliche Zustand, in dem sich beide befinden, kommt besonders in der Art und Weise zum Ausdruck, wie sie die anderen Menschen sehen: aus großer Distanz, als »tot«, nämlich als dumpf und erstarrt. Und dieses Totsein wird als positives Moment negativer Zustände empfunden. Denn wehe, wenn diese Schlafenden aufgeweckt. Dann bauen sie ihr Glück oder das, was sie dafür halten, auf Kosten anderer auf. Oder verschreiben sich der rigorosen Ideologie, die beispielsweise zu den rassischen »Säuberungen« der Nazis und zu der Tschistka Stalins geführt hat.

Jetzt folgt im Gedicht der Vorfall mit dem Hasen, auf einer der nächtlichen Fahrten. Er liegt verletzt auf der Straße, vielleicht bewegt er sich noch. Tritt sie ihn tot, weil sie das Werk des Autos vollenden will? Aus Zorn? Oder hat sie Mitleid mit dem gequälten Tier?
Als sie zurückkommt, aufs Auto zu, und ins Scheinwerferlicht tritt, sieht er, daß sie lächelt, »als hätte sie gerade die Ursache aller Traurigkeit ausgerottet«. Aber wie lächelt man denn dann? Wie kommt die männliche Figur des Gedichts gerade auf diese Vermutung? Es muß ein Zusammenhang mit der Tötung des Hasen bestehen, der die Frage nahelegt, ob das Leiden der Kreatur als »Ursache aller Traurigkeit« verstanden werden kann. Aber darüber ist, warum, nichts gesagt.
Vielleicht soll man als einzelner antworten.
Jedenfalls würde eine solche »Ausrottung« ein sehr großes Unternehmen sein. Vermag einer allein das überhaupt? Und wenn es viele unternähmen, was wäre das Ergebnis? Was ist das Ergebnis gewesen? Denn möglicherweise hat es diese Versuche gegeben, an die »Säuberung« ließe sich denken. Der Tod des Hasen wäre eine Parallele im kleinen privaten Bereich.
Es besteht ein Widerspruch und eine Verbindung zugleich zwischen der Art, wie er ihr Lächeln sieht, einordnet, und der Möglichkeit an sich. Unterlegt er ihr also etwas, verlangt er ihr mit seiner Vorstellung, »als hätte sie gerade ...«, etwas ab? Der Schlußvers spräche dafür.
Was wäre das aber? Eindeutig etwas, das »eine Art Neid« in ihm hervorruft. Was er selbst gern täte? Doch dieser Versuch zu handeln, »die Ursache aller Traurigkeit« auszurotten, entstellt in seinen Augen ihr Gesicht. Alle Gesichter, möglicherweise. Auf welche Art hängen dann Lächeln, Ausrottung aller Traurigkeit, Säuberung und Entstellung zusammen? *Hängen* sie überhaupt zusammen? Oder sieht *er* das nur so? *Will* er es so sehen?
Hier ist wieder der einzelne Leser gefragt. Mit einer Antwort sollte man sich Zeit lassen. Man sollte genau und wahrhaftig zu sein versuchen. Denn wenn der Erzähler im

Augenblick des Sprechens im Gedicht, in der letzten Zeile, sagt: »Bildete mir ein, daß ich alles verstand«, dann ist das als Warnung gemeint. Anscheinend hat es falsche Bilder, verkehrte Schlüsse gegeben, man kann die Durchdringung nicht nachholen, das Verschwinden nicht rückgängig machen.
Das Verhältnis zweier Menschen zueinander, das Verhältnis des einen zu den anderen, der anderen zu dem einen, das Gedicht hat einen unauflösbaren Rest, eine letzte Frage, an den Autor wie an den Leser.
Ein Wort noch zum Schreibtischleben, zur Arbeitsweise. Ich sitze in meinem Zimmer, manchmal im Café oder im Speisewagen. Außer dem Netz meiner Gefühle, dem Gitter meiner Erfahrungen und dem wechselnd beschränkten Verzeichnis meiner Wörter habe ich das blaue Notizbuch. Die inzwischen zweieinhalbtausend Gedankenscherben können ein Gedicht auslösen, können der Arbeit weiterhelfen, mich einen Schlußvers finden lassen. Allerdings gewinnt nur jede zwanzigste, dreißigste Notiz irgendwann Bedeutung.
Der harte Stuhl, ich beuge mich über den Tisch. Vor mir Tintenglas, Federhalter und Papier, in meinem Rücken die Regale, die Bücher. Stiller Vormittag. Dann habe ich das Gefühl großer Möglichkeiten aus der Ruhe der Arbeit heraus. Wenn ich mich anspanne, ohne mich zu verengen, werde ich sagen können, was gestern noch nicht möglich war, was morgen schon verschüttet ist.
Diese Stimmung löst am ehesten ein Gedicht aus. Der Vorgang selber ist dunkel. Unmöglich zu sagen, wie ich beteiligt bin, mit welchen Bereichen der inneren Welt. Wahrscheinlich: mit allen. Auf jede Formulierung, auf jeden Satz, jedes Bild, die festgelegt sind, suche ich eine Antwort, als Annäherung und als Weiterführung.
Um die vierzig Gedichte des Buches »Die Illusion des Unglücks« als Entwürfe aufzuschreiben, dazu zehn Texte, die am Ende ausgeschieden sind, habe ich sechs ungestörte Wochen in Steinheim gebraucht. Dort ist jeden Tag die erste Fassung eines Gedichtes entstanden. Die Bearbei-

tung dieser vierzig, fünfzig Entwürfe hat dann beinahe ein Jahr gedauert, es gibt von einigen Gedichten gegen fünfzig handschriftliche Fassungen, das Manuskript für den Band sieht aus, als hätte ich einen Roman von sechshundert Seiten geschrieben. Mit den folgenden Arbeiten »Nordwestpassage. Ein Poem« und »Die Inseln im Landmeer« verhält es sich ähnlich.

Hinter einem solchen Verfahren steht die Erwartung und Hoffnung, daß das Gedicht durch die Fassungen hindurch meinem inneren Sprechen immer näherkommt, daß der Wortlaut des Gedichts und meine Welt der Empfindungen und Überlegungen, der ästhetischen Vorstellungen sich im Prozeß von Frage des Textes und meiner Antwort aufeinanderzubewegen. So eröffnet das Schreiben von Gedichten die Möglichkeit, der eigenen unverwechselbaren Sprache auf der Spur zu sein, ja sie ansatzweise zu sprechen. Das Zwiegespräch zwischen den Wörtern auf dem Papier und mir, der ich undeutlicher und reicher bin, macht mich vor mir selber wahrnehmbarer.

Denn das, was ich in Form stark stilisierter, verkürzter und verdichteter Geschichten erzähle, ist keine Widerspiegelung von Erlebnissen, sondern von Empfindungen, von Mitleid, Trauer und Empörung etwa, ist eine Kette, ein Arrangement innerer Bilder, Literatur eben, Kunst vielleicht.

Franz Josef Görtz

NACHWORT

Es ist Sommer und vormittags elf Uhr. Steinheim am Vogelsberg. Das Dorf ist noch still. Was für ein Buch mag das sein, das mit solchen Worten anfängt? Und wie wird sie weitergehen, die Geschichte, wenn sich nichts ereignet, nichts sich ereignen darf an diesem 4. August des Jahres 1978, das die Ordnung stören, die Welt für einen Augenblick aus den Fugen geraten lassen könnte?
Wir sollten wissen, was um uns ist, was geschieht, wer wir sind, das vor allem. Daher ein Versuch. Das Festhalten an ihm. Daher der Versuch, seit vier Jahren immer wieder begonnen und immer wieder abgebrochen, einen Katalog von Stichworten aufzustellen, die ich mir auf Bahnfahrten, Spaziergängen, nachts im Bett überlegt habe, und meine dauernde Hoffnung, es könnten die Gedanken, Erinnerungen, Erlebnisse, Befürchtungen, Geschichten, die ich unter diesen Stichworten aufschreibe, schärfere Wiedergaben der Wirklichkeit werden. Wahr oder banal. Wahr und banal. Weder wahr noch banal. Wie ein Kaleidoskop eine annähernd unendliche Reihe verschiedener Bilder erzeugt, die aber aus immer gleichen Teilen bestehen und deshalb ähnlich sind, gehe ich in Gedanken mit den Wörtern meiner Liste um. Schreibfehler. Heimat Göttingen. Ich. Schubladen. Stadtrand. Novalis. Aus einer kleinen Stadt. Heimat und Fortschritt. Eine Wolfsjagd. Caruso. Das Dorf entlang. Reise in eine verhangene Landschaft voller Katastrophen. Eduard. Geräusche beim Entsichern der Pistolen. Weiße, schneeweiße Zimmer. Ein blinder Passagier steigt zu. Die Kette der tagtäglichen Luft- und Bodenkämpfe und die tödliche Ermüdung durch sie.
Eine rätselhafte Abfolge von Namen, Wörtern, Sätzen. Einige (»Stadtrand«, »Ein blinder Passagier steigt zu«,

»Eduard«, »Geräusche beim Entsichern der Pistolen«) finden sich im Inhaltsverzeichnis als Kapitelüberschriften, andere (»Heimat Göttingen« zum Beispiel) erklärt uns die Biographie des Autors, die meisten sind auf Anhieb nicht zu entschlüsseln. Ein Katalog von Stichworten, deren Bedeutung uns verschlossen bleibt, obwohl wir zu ahnen beginnen, daß in diesen Notizen Partikel einer Lebensgeschichte zur Sprache kommen, Existenzsplitter gleichsam, die sich wie die Steine eines Mosaiks zu einem Bild zusammenfügen: zum Selbstporträt des Schriftstellers Guntram Vesper.

Wissen wollen, wer man ist. Es sagen wollen. Man muß weit ausholen. Das war der Impuls fürs Schreiben, von Anfang an. *Vieles bleibt rätselhaft. Vieles vermute, errate, ergänze ich auf Verdacht, auf gut Glück. Wie nähert man sich der Wahrheit. Und wie beschreibe ich diese Annäherung und die Wirklichkeit selbst.* Koketterie ist das nicht. Wahrheit? Wie soll die zu ermitteln sein, wenn schon die Wirklichkeit solche Probleme macht, sich dem Zugriff entzieht, zurückweicht vor dem Versuch, sie dingfest zu machen, sie in Worte zu kleiden? *Das dauernde Bemühen um Zusammenhänge. Die nutzlose Kraftvergeudung. Wissen wollen, endgültig, woran man ist.* Eine nicht anders als verzweifelt zu nennende Anstrengung, sich Gewißheit zu verschaffen: Gewißheit über die eigene Person, die eigene Geschichte. *Die Träume muß man abschütteln. Das sagt man uns nicht, es wird uns auf wortlose Art beigebracht. Womit sich wehren. Mit unseren Erinnerungen, Erfahrungen, Gefühlen, Wünschen. Wäre das möglich. Könnte man sie als Reste und Bruchstücke einer privaten und allgemeinen Geschichte verstehen. Der Versuch, sie nachzuerzählen und dabei die Lücken zu schließen, Stichworte für die neue Fassung unserer Berichte und Fabeln zu finden, das Kaleidoskop in Bewegung zu setzen.* Der Versuch also, die Vielzahl von Bildern, an die man sich zu erinnern vermag und in denen Erfahrungen, Gefühle, Wünsche sich widerspiegeln, zueinander in Beziehung zu setzen, so daß Zusammenhänge sichtbar werden, Gesetzmäßigkeiten, denen unterliegt, was landläufig Wirklichkeit genannt wird. *Die Widersprüche der Wirklichkeit, ihre Vielfalt. Das Zögern vor jedem Versuch einer Beschreibung. Auf der anderen Seite die einfachen Wahrheiten. Einfach und brutal wie diese Viertel, aus denen man nur in umgekehrter Richtung fliehen kann, ins neue, größere Auto und in die Wohnung, deren Tür man hinter sich verriegelt, in die Sitzecke, die mit den Tapeten gewechselt wird, vor den Fernseher. Oder in die Ehescheidung, die unerklärliche Depression, die rätselhafte Allergie. In das Nichtwissenwollen.*

Ausnahmslos Sätze aus Vespers Buch »Nördlich der Liebe und südlich des Hasses«, das 1979 erschien und weder Roman noch Essay, weder ein Stück Poetologie noch ein Abschnitt aus der eigenen Lebensbeschreibung sein wollte – und gleichwohl dies alles auf eine faszinierende, eine erregende Weise miteinander zu verknüpfen verstand: eine Sammlung von Geschichten, die sich gegenseitig ergänzen und erklären, dann wieder in Frage stellen und in Zweifel ziehen, eine Galerie verwirrender und verstörender Bilder, eine Folge von Skizzen, denen zu entnehmen ist, welchen Anteil der Autor selber an seinen Erzählungen nimmt. *Vielleicht sind solche Geschichten, die offen beginnen und offen enden, sich aber eng erzählen lassen, und das, was ich über mich sage, Wohnsitz, Kindheit, Träume, Zustand der Ehe, Bilder des gleichen Kaleidoskops, das sich in meinem Kopf dreht. Wissen wollen, wer man ist. Es sagen wollen. Man muß weit ausholen.*

Bald kennen wir seine Frau, die Lehrerin ist, seinen Sohn, die Schwiegereltern, die Verwandten, die Nachbarn, einige seiner Freunde. Bald wissen wir, daß er in Göttingen und (während der Schulferien) in Steinheim am Vogelsberg lebt, kennen wir seine Träume, wissen von seinen Ängsten. Und erschrecken – weil das auch unsere Träume, unsere Ängste sein könnten, Bilder aus unserer Kindheit, Szenen, die mit einem Mal wieder in der Erinnerung auftauchen und Unruhe stiften. Steinheim, der Ort, dem wir schon in Vespers frühen Gedichten (»Fahrplan«, 1964) begegnen, ist der geheime Mittelpunkt in allen Büchern dieses Schriftstellers, nicht nur Kulisse, nicht bloß Staffage. In einer der schmalen und verwinkelten Gassen am südlichen Ortsausgang wohnt er im geräumigen Haus seiner Schwiegereltern, zurückgezogen auf dem flachen Land am Rande der Wetterau. Er braucht diese *Nebelwand vor dem Dorf*, gesteht er, diesen *riesengroßen Filter über den Wiesen*, der Briefe und Besucher, alles Bunte, Laute und Plötzliche von ihm fernhält. In einer solchen Umgebung ist er auch aufgewachsen, in der Nähe von Leipzig, in einem Flecken namens Frohburg, wo beide Urgroßväter und der Großvater mütterlicherseits Schmiede gewesen waren und der Vater eine Landarztpraxis unterhielt.

Die Eltern, die Verwandten lehnten die neuen Zeiten ab, die im östlichen Nachkriegsdeutschland auch Stalinismus hießen. Sie waren, als Angehörige des Bürgertums, nicht frei von Widersprüchen: Überlebenswille in einem verarmten Land auf der einen Seite, Unfähigkeit, die eigenen fortschrittlichen Gedanken mit dem in Verbindung zu bringen, was sich an Neuem entwickelte, auf der anderen. Der Vater las viel, um die zwölf dunkelsten Jahre deutscher Geschichte zu begreifen. Vesper, so schildert es sein Gedicht »Frohburg«, wuchs *zwischen Tübingen und Weimar* auf, häufig von Träumen geplagt, die das Ende, den Untergang der Welt heraufbeschworen. Auch darauf kommt er in diesem Gedicht zu sprechen. Wie Steinheim ist auch Frohburg ein Fixpunkt seiner Biographie.

Die Stadt hat einen weiten rechteckigen Marktplatz, einen Kirchplatz hügelan, ein Schloß aus dem fünfzehnten Jahrhundert, einen Gutshof, der seit Anfang der fünfziger Jahre die ersten Anfänge einer Landwirtschaftlichen Produktionsgenossenschaft beherbergte, und eine Vorstadt ›Auf dem Wind‹. Mitten im Ort, zwischen Kirche und Schloß, beginnt eine Kette von zwölf Teichen, die sich bis zum nächsten Dorf nach Westen erstreckt. Der Bahnhof liegt eine halbe Stunde Fußmarsch außerhalb. An der Straße dorthin die zehn, zwölf besseren Einfamilienhäuser, die man Villen nannte. Rathaus, große Schule, Amtsge-

richt und Post mit Hotel stammen aus dem Anfang des Jahrhunderts, rote Ziegelbauten. Größter Betrieb seit Mitte des neunzehnten Jahrhunderts ist eine Stoffdruckerei, einfach Fabrik genannt. Der verwinkelte Komplex erstreckt sich zwischen Marktplatz und Wyhra, dem Fluß, an dem die Stadt liegt.
Sechzehn Jahre hindurch ist Frohburg der Ort meiner ersten Erfahrungen gewesen, alle Wünsche, Träume, alle Rätsel und Ahnungen haben dort ihren Ausgang genommen. Bilder in engem Rahmen. Heute, da ich seit einem Jahr mich genau und immer genauer zu erinnern versuche, die Stadt in meiner Phantasie nachbaue, merke ich, wie erstaunlich und wie schrecklich, wie voller Abgründe und Dunkelheit, wie voller Abenteuer diese abgeschlossene Welt in ihrer scheinbaren Selbstverständlichkeit gewesen ist. Beinahe in jedem Haus hat sich eine ungeheuerliche Geschichte ereignet. Wenn man sie untersucht und nach ihrer Bedeutung fragt, stellt sich sogleich die Verbindung zur allgemeinen Geschichte, zum Sozialen, Politischen, zum Draußen her. Schicksale, die Zeit und Alltag verschüttet haben. Ein literarischer Kosmos auch, den ich wahrscheinlich deshalb einigermaßen deutlich sehe, weil ein zeitlicher und räumlicher Abstand vorhanden ist. Leben neben Leben, Leben auf Leben hat sich ereignet, der Autor als Detektiv, als Archäologe. Mitleid, Trauer und Empörung. In Wirklichkeit sind es die eigenen Verstrickungen, die eigenen Erinnerungsverluste, denen man auf der Spur ist. Denn man sieht sich erst, wenn man den anderen sieht. Suche nach einem Bild vom Menschen. Das verlorengegangen ist oder das man nie gehabt hat und das man braucht.
So steht es in unveröffentlichten Aufzeichnungen, mit deren Hilfe der Schriftsteller Vesper sich seiner Vergangenheit, der Kindheit und Jugend in Frohburg vor allem, innezuwerden suchte. Was er in Frohburg aufgegeben hatte, als die Familie 1957 die DDR verließ, fand er in Steinheim wieder: eine Welt für sich, überschaubar und geheimnislos, die Vertrauen ausstrahlte und Geborgenheit verhieß.

Vesper, 1941 geboren, war sechzehn, als er in die Bundesrepublik kam. Die Eltern schickten ihn auf ein Internat in Friedberg, in dem fast nur Kinder von DDR-Flüchtlingen untergebracht waren, für achtzig Mark im Monat. Für ihn eine *ganz, ganz schlimme Zeit*, ein *unsägliches Martyrium*, dem zwei seiner Mitschüler sich allein dadurch zu entziehen wußten, daß sie sich auf dem Dachboden der Anstalt erhängten.

Das Schülerheim, ein alter mürber Kasten, war als Kaserne gebaut worden, hatte lange als Lehrerseminar und im Zweiten Weltkrieg als Lazarett gedient, die weißgestrichenen eisernen Bettstellen, je zwei übereinander, und die Militärspinde stammten aus jener Zeit.

Ein Studienrat für Sport und Erdkunde, der beide Fächer oft in der Behauptung verband, er sei während des letzten Krieges mit seiner Einheit am weitesten, nämlich bis tief in die Kalmückensteppe südlich von Stalingrad, nach Osten vorgedrungen, herrschte mit Gebrüll und notfalls mit körperlicher Gewalt über die hundertzwanzig Schüler.

Wenn ich daran denke, erlebe ich den Abend wieder, an dem ich in die Anstalt eingeliefert wurde. Der Bruder und ich waren von Bekannten entfernter Bekannter, die uns am Bahnhof erwartet hatten, in ein Taxi gesetzt worden. Das Taxi fuhr durch einen engen Torweg und hielt vor der hohen schmiedeeisernen Gittertür. Es war schon dunkel, kalter Regen fiel. Durch das beschlagene Autofenster sah ich hinter dem Gitter den schwarzen Hof, in den Pfützen spiegelte sich das kalte weiße Licht der Kugellampen im Schülerheim, ich wünschte, das Taxi würde mich zurück nach Frohburg bringen.

In dieser Zeit hat er zu schreiben begonnen: Briefe und Tagebücher, später dann auch Gedichte und erzählende Prosa. Noch als Schüler hatte er V. O. Stomps kennengelernt, den Gründer der Eremiten-Presse. *Es ist zwanzig Jahre her. Im Frühsommer dreiundsechzig machte ich den Versuch, in Gießen zu studieren. Wer die Stadt von damals kennt, weiß, daß der einzige erträgliche Ort das bis spät in die Nacht geöffnete Café Deibel hinter dem Theater war.*

Die ramponierten Möbel, die fleckigen braunen Tapeten, die löchrigen Lampenschirme stammten aus einer anderen Zeit und gehörten ihr weiter an, während das alte enge Gießen mit der Wohnung Büchners und dem Laboratorium Liebigs im Bombenkrieg beinahe restlos in Schutt und Asche gesunken war, nur der scheußliche Bahnhof blieb stehen, heißt es in einer von der Frankfurter Rundschau veröffentlichten Porträtstudie. Das Café Deibel war die Zufluchtsstätte für alternde Künstler, Mitglieder der verbotenen kommunistischen Partei, Studenten und Zeitungsredakteure mit großen Plänen. Manchmal fanden dort Lesungen statt. *Einmal wurde Victor Otto Stomps angekündigt. Ich kam, um Stomps zuzuhören, am Abend mit dem Schienenbus vom Land, wo meine Eltern wohnten. Bis auf den Fahrer war der Wagen leer. Niemand wollte nach Gießen. Das Zittern des halbdunklen Fahrzeugs, das an jeder Haltestelle mit laufendem Motor stehenblieb.*
Als ich die Halle des Bahnhofs durchquerte, fiel mir die Nacht vor sechs Jahren ein. Wir waren aus Westberlin gekommen und mußten ins Lager am Stadtrand. Es war bis zum Morgen geschlossen. Von elf bis sieben saßen wir im Wartesaal, der große Koffer lag unter der Bank. Bleiche Gesichter von Vater, Mutter und Bruder. Fremder Boden. Zugluft. Schmutz.
Stomps druckte 1964 das Bändchen »Fahrplan«, im Jahr darauf folgte im Verlag Sigbert Mohn ein weiteres, »Gedichte« überschrieben. Die Texte sind Teil einer umfangreichen Sammlung von lyrischen Versuchen aus der Zeit zwischen 1958 und 1963, die allesamt um das gleiche Thema kreisen: um die Teilung des Vaterlands, den Verlust der Heimat, die Anstrengung, im Westen endlich wieder festen Boden unter die Füße zu bekommen.

Ich wähle den Weg über
ein mittleres Gebirge.

Zu den Zugvögeln sage ich ja
Sonnenaufgänge
versäume ich,
der Weg läuft westwärts.
Feinde gibt es dort keine.
Leider
auch keine Freunde.

Die meisten Gedichte aus den ersten Jahren nach Verlassen der DDR waren (wie dieses, »Nach Westen« betitelt) sanfte Klagen, mit denen ein literarisch ambitionierter Abiturient sich über ein widriges Schicksal und das Gefühl unendlich großer Verlassenheit hinwegzutrösten suchte. Die Furcht aber, von nun an ein Fremder im eigenen Land zu sein, ist niemals mehr von ihm gewichen. *Genaugenommen sehe ich das Dorf von außen, die Menschen vor allem. So, als würde ich abends von der Gasse aus durch die Fenster in die erleuchteten Stuben gucken. Vieles bleibt rätselhaft. Vieles vermute, errate, ergänze ich auf Verdacht, auf gut Glück. Wie nähert man sich der Wirklichkeit. Und wie beschreibe ich diese Annäherung und die Wirklichkeit selbst. Unablässig das Problem der Wahrheit. Ich gehe nahe heran, oder ich beschreibe, was in der Nähe liegt. Die Hintergasse. Hier habe ich unter dem Dach ein Zimmer ganz für mich, Bett, Stuhl, Tisch, eine Musiktruhe mit drei Platten, die ich immer wieder höre, immer wieder. Nur wenn es regnet, stelle ich den Plattenspieler ab. Aus der Dachrinne tropft Regenwasser auf das Hofpflaster, stundenlang. Wo ich lebe, wie ich lebe. Wer ich bin.*
Es ist die gleiche Frage, die Vesper im Band »Kriegerdenkmal ganz hinten«, der 1970 seine frühe Prosa zusammenfaßte, einem armen Wurm in den Mund legt, das, als Zeugin vor Gericht, seine Lebensgeschichte zu Protokoll geben soll: *Wie ich zu der geworden bin, die ich bin.* So lautet das Rätsel, das allen diesen geduckten und gedemütigten Gestalten, die dort die Szene bevölkern, im Kopf umgeht und das sie, allen Anstrengungen zum Trotz, selber nicht

zu lösen vermögen. Ein Satz nur – und doch Stoff genug für zehn, für hundert Geschichten, Material für einen ganzen Roman und eine Fülle von Gedichten.
Wo wir leben, wie wir leben, wer wir sind – dies könnte ebenso das Motto der beiden Lyrikbände sein, die Guntram Vesper im Anschluß an seinen Roman »Nördlich der Liebe und südlich des Hasses« veröffentlicht hat, »Die Illusion des Unglücks« (1980) und »Die Inseln im Landmeer« (1982). Düstere Ahnungen sind es, die in uns aufsteigen, sobald wir das Familienalbum oder die alten Zeitungen aufschlagen, uns erzählen lassen, was früher war.

Jetzt erlebe ich die langen Abende der Kinderzeit
in den überfüllten Häusern von Frohburg wieder
wenn die Kälte gegen die
knackenden Scheiben drückte.

Man saß zu Hause
oder bei der Familie eines Freundes
um die Petroleumlampe in der Küche
still, sagte jemand, und
alle lauschten
lang anhaltende Rufe waren zu hören.

Es ertrinkt wieder einer im Fluß.

Dann wurde von Leuten erzählt, die
auf schreckliche Art
gestorben waren
durch scheuende Pferde, giftige Ofengase.

Manchmal fragte ich weiter.
Wieso, wurde gesagt
ist denn
noch mehr geschehen.

So »Das fremde Kind« aus dem Band »Die Inseln im Landmeer«. Immer wieder sucht der Verfasser dieser Gedichte sich den Ort Frohburg ins Gedächtnis zurückzurufen, sich an die langen Abende der Kinderzeit zu erinnern, die Vergangenheit noch einmal lebendig werden zu lassen. Nicht aus Sentimentalität freilich, sondern weil es ihn drängt, Fragen zu stellen nach dem Woher und Wohin, nach dem Wie und Warum. *Wenn ich Gedichte schreibe*, hat er selber erklärt, *kann ich am genauesten denken, am tiefsten fühlen und über beides am freiesten sprechen. Oder am tiefsten denken, am freiesten fühlen, am genauesten sprechen.* Denn Denken und Fühlen, das gehört zusammen, wo es darum zu tun ist, mit Hilfe der Sprache sich seiner selbst, der eigenen Lebensgeschichte, der niemals versiegenden Hoffnungen und Sehnsüchte wie der erlittenen Niederlagen und Enttäuschungen, zu vergewissern. Kein Zweifel, daß dies mitunter sehr private Gedichte sind, sehr persönliche Klagen und Bekenntnisse, die uns, die Leser, nicht nur betroffen, sondern auch ratlos machen: so viele Fragen – und nicht eine einzige Antwort, mit der wir uns auf Dauer zufriedengeben könnten.

Und dennoch ist es alles andere als Resignation, ist es nicht Hoffnungslosigkeit, nicht Verzweiflung, die aus Vespers Gedichten spricht. Wir werden, im Gegenteil, Zeugen des allerdings verzweifelt zu nennenden Versuchs, der lähmenden, der selbstmörderischen Resignation Widerstand zu leisten durch Räsonnement: der anhaltenden Trauer, der allgegenwärtigen Angst *das leise Rauschen zusammenhängender Gedanken* entgegenzusetzen, wie im Band »Die Illusion des Unglücks« zu lesen steht, oder die Erfahrung von *Schönheit*, aus der sich, wenn sie nur von Dauer wäre, einen Augenblick lang so etwas wie Zuversicht schöpfen ließe. Das *schöne Wort* vergeht vielleicht *in der Mitte eines rohen Satzes*, sagt der Lyriker Guntram Vesper. Aber es bannt die Angst, indem es sie benennt. Kein Zweifel, daß dieser Autor sich selber meint, wenn er, was häufig vorkommt, *ich* sagt. Er spricht aus, was ihm Angst macht. Und er zeigt, wie aus Angst Kälte wird, aus einem persönlichen Gefühl ein Unbehagen, daß sehr viele Zeitgenossen mit ihm teilen.

Aus dem Fenster sehen
auf Dorfplatz, Schaukel
Gewalt vergangener Tage.

Unten
fünf Männer
Knüppel, Hunde, vermummte
Gesichter

vielleicht nur zur
Treibjagd
zur Treibjagd über dünnes Eis.

Dies ist eines seiner Gedichte aus letzter Zeit, »Neujahr in Schreyahn«. Vesper versteht die Angst anschaulich zu machen, indem er sie in Gedichte und in Geschichten kleidet, die spürbar werden lassen, *was Angst ist und wie sie entsteht. Wie schnell das geht. Wie unvermittelt sie aufkommt.* So heißt es an einer Stelle des Buchs »Nördlich der Liebe und südlich des Hasses«. Wie Angst entsteht: das ist der thematische Hintergrund seiner Poesie, die Grundierung gleichsam, das atmosphärische Kolorit. Ein Blick aus dem Fenster reicht aus, in der idyllischen Kulisse die Alptraumlandschaft zu erkennen, die lebensgefährliche Bedrohung wahrzunehmen, die von dieser Szenerie ausgeht.

In einer von Tania Blixens nachgelassenen Erzählungen erklärt uns der Marionettenkünstler Pino Pizzuti: gewiß sei es ein großes Glück, die Dinge, die einem geschehen, in Geschichten verwandeln zu können. Es sei vielleicht sogar das einzig vollkommene Glück, das ein Mensch im Leben finden könne. Aber es sei gleichzeitig, und das werde dem Uneingeweihten unverständlich bleiben, ein Verlust und zugleich ein Fluch. Ein Verlust an Naivität gewiß. Denn zweifellos erscheint die Wirklichkeit in anderem Licht, wenn die Menschen, die Dinge zueinander in Beziehung gesetzt, in einen Zusammenhang gerückt werden sollen, der den Geschehnissen einen Sinn zu geben und noch den winzigsten Einzelheiten Bedeutung zu verleihen vermag. Der Blick aus dem Fenster, der nur einen schmalen Ausschnitt der Wirklichkeit erfaßt und auf Verdacht erraten und ergänzen muß, was ihm verborgen bleibt, ist dafür ein treffliches, in allen Büchern Guntram Vespers wiederkehrendes Bild.

Es ist Sommer und vormittags elf Uhr. Steinheim am Vogelsberg. Das Dorf ist noch still. Die Leute arbeiten in den Betrieben oder auf den Feldern, die Kinder sind in Schule und Kindergarten. Nur manchmal brüllt eine Kuh, kommt eine alte Frau in dunklem Kleid auf dem Weg zum Kaufmann die Gasse herunter. Es ist der 4. August 1978, ein Tag wie alle anderen also. Nichts geschieht, das die Ordnung stören, die Welt auch nur für einen Augenblick aus dem Gleichgewicht bringen könnte. Doch der Blick auf die Gasse, auf eine alte Frau in dunklem Kleid, ruft Erinnerungen wach, setzt das Kaleidoskop in Bewegung, *das sich in meinem Kopf dreht*, liefert Stichworte, aus denen die abenteuerlichsten, die furchtbarsten Geschichten sich entfalten. *Die Toteninsel. Ein neuer Anfall von Traurigkeit. Beim Blick durch ein zerbrochenes Fenster. Am Vorabend neuer Gewalttaten. Niemands Land. Der Schrei der Eule. Ein Stich ins Herz. Die längste Nacht und der kürzeste Tag.* So lauten einige der Gedichtüberschriften, der Stichworte aus dem Band »Die Inseln im Landmeer«. Jede für sich ein Schibboleth, Losung für einen Tag, an dessen Ende nichts als die Furcht vor dem nächsten steht.

Der Autor als Detektiv, als Archäologe. So sieht, so versteht er sich selber. In einer poetologischen Randbemerkung (»Über sich selber schreiben«) hat er hinzugefügt: *Aus tausend und abertausend Scherben entwickelt man, an den gängigen Parolen entlang, die immer gleiche Geschichte, deren Einfachheit und Klarheit alle Zuhörer besticht, obwohl sie Satz für Satz von der Wirklichkeit so weit wie von der Wahrheit entfernt ist. Am Ende, jetzt, bleibt die Wahl zwischen dem Eingeständnis des Irrtums oder der Lüge und vielleicht noch die Ahnung, daß jeder, der uns liest, doch nur hört, was er im Herzen trägt.*

Habe ich mich deshalb der Einbildung, der Erinnerung, der Rekonstruktion, diesen rettenden Zufluchten, so restlos ausgeliefert, daß die Grenze zwischen ihnen und dem laufenden Tag zunehmend verschwimmt, daß ich in den Lebenden schon die Toten und in den Toten noch die Lebenden, im Gestern das Heute und im Heute das Gestern hartnäckig erkennen, den mörderischen Anteil nicht übersehen kann, der in jedem Kuß liegt, und die Liebkosung in jeder Quälerei. Über sich schreiben, sich dabei ergänzen. Letzter Versuch, der zu werden, der man hätte sein können. Da ist sie wieder, die Frage, auf die es eine verbindliche, eine endgültige Antwort offenbar nicht geben kann: *Wo ich lebe, wie ich lebe. Wer ich bin.* Immer wieder wird sie gestellt – ein verzweifeltes Verlangen nach Wahrheit, nach einem Zusammenhang, einem Sinn.

Wenn man durch das Fenster guckt
liegt unser Landmeer draußen
dunkle Schollen, Fadenhorizont
Wölbung des weißgrauen Himmels

So die ersten vier Zeilen des Gedichts »Besuch in einer abgelegenen Druckerei«. Dieser Blick droht sich in der unermeßlichen Weite, der er sich mit einem Mal konfrontiert sieht, fast zu verlieren. Wie aber soll sonst zu entdekken sein, was der Schriftsteller Guntram Vesper *Inseln im Landmeer* nennt: utopische Orte, an denen für die Dauer utopischer Augenblicke zu erfahren ist, wie die Welt zu verstehen sei.